MW00929360

Silver

Silver

Una emotiva lección de educación financiera para niños y no tan niños.

un cuento de:
Gabriela Totaro

ilustrado por:
Dolores Avendaño

Silver
Una emotiva lección de educación financiera para niños y
no tan niños.
Primera edición, mayo 2023

www.gabrielatotaro.com
info@gabrielatotaro.com

GT.EducacionFinanciera
gt.educacionfinanciera
@GabrielaTotaro

Ilustraciones: Dolores Avendaño
Diagramación: David Manangón
Publicado por: Marcel Verand

Silver

—¡Vamos, Alan, esa ola es tuya!

El grito de su amigo Pedro, que daba saltos en la orilla, lo animó. Los ojos negros de Alan brillaban casi más que el sol cuando trató de pararse en la tabla con un movimiento rápido.

¡Splash!

La ola lo revolcó con tabla y todo, pero casi lo había logrado.

Unos pasos más atrás, recostada sobre la arena, Azucena —todos le decía Azu— se desternillaba de risa.

Pedro y Azu, los mejores amigos de Alan, eran mellizos pero no se parecían en nada: él, rubio, de ojos azules; ella, pelirroja, con pecas y ojos verdes.

Como Alan, tenían once años y vivían en Dos Médanos, un pequeño pueblo costero, muy tranquilo y pintoresco. Los tres iban juntos al colegio y desde noviembre se encontraban todos los días en la playa porque querían aprender surf. Formaban un trío interesante y colorido: el pelo renegrido y ondulado de Alan resaltaba entre la melena rojiza de Azu y la cabeza casi blanca de Pedro.

Esa mañana de diciembre se parecía a todas. Los varones luchaban en vano por surfear una ola y Azu se reía a más no poder. Ni Alan ni Pedro se enojaban, estaban acostumbrados. Desde que empezaron a practicar estaba claro que ella les llevaba ventaja. Tenían solo una tabla, un poco estropeada, así que se turnaban. Y la escena era siempre la misma: mientras uno lo intentaba, los otros dos se reían a carcajadas o daban gritos de aliento desde la orilla. Cuando Pedro y Alan conseguían pararse en la tabla, lo festejaban como un gol. Azu parecía una experta al lado de ellos. Tenía un talento especial para los deportes y en un par de intentos ya lograba surfear una ola completa sin caerse. Los chicos la aplaudían con respeto y admiración. Pero más allá de los revolcones, los litros de mar que tragaban y algún que otro golpe, los tres se divertían como locos.

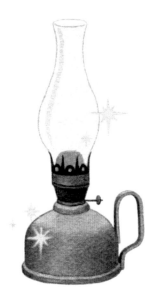

Armando, el papá de Alan, se había ido hacía más de una semana a levantar la cosecha en varios campos de la zona. A pesar de que lo extrañaba y de que iba a pasar mucho tiempo antes de que volvieran a verse, Alan estaba contento. Le encantaba diciembre. Los días eran largos y calurosos y en el pueblo se respiraba ese aire de entusiasmo tan típico de los días previos al verano, cuando todos se preparaban para recibir a los turistas. Los pocos negocios se llenaban de mercaderías, se pintaban los frentes, aparecían tiendas nuevas, restaurantes, heladerías. Dos Médanos cobraba vida y se contagiaba de alegría y optimismo.

En esos días todo parecía posible. Clara, la mamá de Alan, estaba muy atareada ocupándose del bar de la playa. Quedaba justo frente a la casa y en el verano se llenaba de clientes. Sin embargo, lo que ganaban apenas les alcanzaba para vivir, porque la temporada era corta y durante el año el bar abría solo los fines de semana. Por eso Armando trabajaba en las cosechas y en el invierno se encargaba del mantenimiento de las casas de los turistas con la ayuda de Clara.

La mamá de Alan iba temprano al bar. Era el momento de verificar que todo anduviera a la perfección: la heladera (que había dado algunos problemas el verano anterior), las luces, los baños. En pocos días la gente haría cola esperando mesa, y si la temporada era tan buena como prometía, quién sabe, podrían cambiar el auto, comprarle ropa a Alan y pintar la casa, que buena falta le hacía.

Todos lo conocían como "el bar de la playa". Era una construcción sencilla, de madera, rodeada por una galería muy linda, también de madera. Se alzaba sobre pilotes, lo que le daba una altura perfecta. Cuando eran chicos, a Alan y los mellizos les encantaba deslizarse por la arena debajo del bar y esconderse allí, a jugar a que eran mineros, hasta que Armando los encontraba y los obligaba a salir.

Cerca del mediodía, los tres amigos pasaron por el bar para almorzar y, de paso, dejar la tabla. Comieron en la galería. No se demoraron mucho porque Alan tenía una pequeña changa: lo esperaba el Turco Alí para ordenar la mercadería.

El Turco era una institución en el pueblo. En su negocio uno podía encontrar desde un taladro hasta un vestido de fiesta. "Lo de Alí" (así se llamaba la tienda) era ferretería, bazar, perfumería, juguetería. Había objetos de jardinería, ropa, electrodomésticos y "antigüedades". Alan sospechaba mucho de la antigüedad de las antigüedades, pero ni loco se lo decía al Turco, que tenía carácter fuerte y se ofendía con facilidad. Lo cierto es que esas piezas de supuesto valor parecían chucherías, pero el Turco era hábil para vender, tenía gran facilidad de palabra y, cuando comprabas algo, parecía tan compungido por tener que desprenderse de ese objeto, que te convencía de que habías hecho el negocio del año.

—¡Hola, Turco querido! —saludó Alan al entrar en "Lo de Alí".

—Bien por esa puntualidad, nene —contestó el Turco—. Me gusta que seas responsable. A vos te va a ir bien en cualquier cosa que hagas.

—Se, se —dijo Alan, no muy convencido.

Su papá era puntual y trabajador, igual que su mamá, y la plata nunca alcanzaba para nada. Les iba bien en otras cosas, eso sí. Los tres se adoraban y eran felices juntos, pero lo de "ajustarse el cinturón" era una ley en su casa y no parecía que las cosas fueran a cambiar.

Mientras el Turco revisaba las cuentas, Alan fue a su "oficina" —"sector de stock", como le decía con gracia—, y que consistía en un banquito muy cómodo ubicado al fondo de la tienda. Allí se sentaba, fantaseando con que era el gerente, y examinaba los artículos con aires de experto. La primera caja era de perfumería. Clasificó cada cosa y después acomodó los jabones, frascos de shampoo, quitaesmalte, pasta de dientes, en su estante correspondiente. La última caja lo entusiasmó más. Tenía "antigüedades". No podía evitar los comentarios admirados ante cada objeto. El Turco sonreía complacido.

De entre todas las cosas de esa caja hubo una que lo fascinó: una vieja lámpara de querosén.

—¡Esto es espectacular, Turco! —casi gritó.

—¿Tanto te gusta? —preguntó el comerciante.

—¡Me encanta!

El Turco volvió a sus papeles mientras Alan ordenaba las cosas prolijamente en los estantes. Cuando terminó, se acercó al escritorio para avisarle a su jefe que la tarea estaba cumplida. El Turco le dio un sobre con un "sueldo simbólico" (así había arreglado con Clara, que no quería que Alan se malacostumbrara) y le revolvió el pelo.

—Estoy muy contento con tu trabajo, pichón. Me ayudaste muchísimo. Tan contento estoy que te voy a regalar esa lámpara que te gustó. Te la ganaste.

—¿En serio? Pero, Turco, ¡cómo me vas a regalar una antigüedad tan valiosa!

El Turco le lanzó una mirada fulminante y divertida a la vez. "Este chico es más vivo que el hambre", pensó, "y además de inteligente es gracioso. Le va a ir bien en la vida".

—Bueno, justamente esta no es taaaan valiosa. Pero como te gustó…

—¡Es espectacular! Y ahora que sé que no es tan valiosa, te puedo decir que la quiero para cuando voy a pescar con papá. Me gusta la idea de tener esta lámpara, que debe dar una luz mucho más linda que esas como de emergencia que usamos. Además es buenísimo que no necesite pilas. De paso protegemos el medioambiente.

—Bien pensado —dijo el Turco—. Y me parece perfecto que la quieras para ir a pescar. A las cosas hay que usarlas.

—La primera corvina va a ser para vos —contestó Alan, feliz con el regalo.

—Te tomo la palabra, pichón. Y el día que me regales la corvina los invito a comer a los tres y traés la lámpara para iluminar la parrilla.

Alan se rio, le dio un abrazo al Turco y se fue a su casa, desesperado por mostrarles la lámpara a Clara y a sus amigos.

—¡Mamá, mirá lo que me regaló el Turco! —gritó, apenas entró a la casa.

—¡Pero qué maravilla! —dijo Clara, encantada con la lámpara y decidida a llamar al Turco para agradecerle—. ¡Qué generoso es el Turco! Lo único que te pido es que no andes con querosén. Cuando vuelva tu padre la podés usar, pero no quiero que trates de encenderla. ¿Me lo prometés?

Alan se desilusionó un poco pero entendió el pedido y prometió que no iba a andar con querosén. Su mamá volvió al bar y él se quedó esperando a Azu y Pedro, que pasaban todas las tardes por allí antes de bajar a la playa. Había que evitar las horas de sol fuerte y nada mejor que esperar los tres juntos.

Cuando los mellizos llegaron, Alan les mostró la lámpara.

—¡Qué buena que está! —dijo Azu, impresionada—. Es perfecta para llevarla a la playa de noche.

—¡Totalmente! —exclamó Pedro.

—Estoy recontento —agregó Alan, mientras limpiaba la lámpara con una servilleta de papel para sacarle el polvo y las marcas de dedos.

Y en eso…

¡Plop!

Hubo una especie de fogonazo y una nube de humo. Un humo espeso, denso, opaco, que no dejaba ver nada.

El susto de los tres chicos fue gigantesco. Y eso que la cosa recién empezaba.

Porque el humo pareció cobrar forma, una forma semihumana. No, no pareció. Cobró forma semihumana. Una figura de humo, grande, corpulenta.

Azu se levantó de un salto, lista para correr en busca de ayuda. Pedro agarró una silla, preparado para atacar, y Alan, que era un chico muy inteligente y siempre trataba de encontrar la mejor solución, pensaba a toda velocidad.

"¿Qué podemos hacer? ¿Pedimos ayuda? ¿Pero a quién? Lo mejor es hablar con este firulete de humo. A lo mejor no es tan malo", pensó.

—Por supuesto que no soy malo y tampoco soy un firulete de humo —dijo la extraña figura mirando directamente a Alan.

—¡Leés el pensamiento! —exclamó Alan admirado—. ¡Qué envidia!

La figura de humo sonrió.

—No te creas que es algo tan envidiable. A veces puede causarte muchos problemas. Pero insisto, no soy un firulete de humo, soy un genio.

—¡Ah, bueh! Nada como la humildad... —dijo Azu, con fastidio.

—¡Pero, no!, no un genio como dicen acá. Un genio verdadero, un genio propiamente dicho. Un genio de la lámpara.

Alan lo miró desconfiado, pero esas palabras no le parecieron tan descabelladas. Algo resonaba en su memoria. Algo... Ala... ¡Aladino! ¡Sí! ¡Aladino y la lámpara maravillosa! Su mamá le había contado ese cuento cuando era más chico. Estaba casi seguro de que hasta tenía el libro. Un libro de varios cuentos, pero el de Aladino estaba. Sin duda.

El miedo se evaporó por completo. El cerebro de Alan trabajaba a toda velocidad y miles de preguntas se agolpaban en su garganta luchando entre sí para ver cuál salía primero.

—¿Un genio como el de Aladino? ¿O sea que podés darnos lo que te pidamos? ¿Nos podés llevar a conocer el mundo en un minuto? ¿Si te pido una tabla de surf, la hacés aparecer inmediatamente? ¿Si...

—Pará, pará, tranquilizate —interrumpió el genio—. No funciona exactamente así. Soy parecido al genio de Aladino.

—¿Cómo que parecido? ¿Qué quiere decir eso?

—No hago aparecer cosas, no te llevo ida y vuelta por el mundo y no te doy lo que me pidas. Hago algo muchísimo mejor.

—¿Cómo que no podés hacer todo eso? ¿Qué clase de genio sos? ¿Y muchísimo mejor en qué sentido? —preguntó Pedro, muy intrigado.

—Soy un genio intelectual.

—No me parece que eso sea mejor que el genio de Aladino —dijo Azu, desilusionada—. Menos ahora que estamos de vacaciones. Si tuviéramos alguna prueba en el colegio, todavía... —agregó, no del todo convencida, porque Azu era muy buena alumna y no necesitaba ayuda extra para sacarse notas excelentes.

—¡Pero, no, querida! Soy un genio intelectual y honesto. No me gusta hacer trampa. Además, tengo una especialidad: las finanzas. Soy un genio financiero. Mi misión es educar financieramente a las personas para que tomen las mejores decisiones y ...

—En este país está lleno de genios financieros y mirá cómo nos va —Alan empezaba a enojarse—. ¿Por qué me pasa esto? ¿Por qué no podés ser un genio normal, clásico?

—¡Es mucho mejor lo que yo te ofrezco! —el genio también empezaba a enojarse—. ¿Qué preferís? ¿Soluciones mágicas?

—¡Obvio que prefiero las soluciones mágicas! ¿Qué sentido tiene que te comportes más como un profesor que como un genio copado?

—Soy un genio copado, supercopado, ultracopado. Y lo que yo enseño es para siempre, sirve para toda la vida, para que puedan comprarse todas las tablas de surf que quieran con su propio esfuerzo y que no dependan de una aparición extraña para lograr los objetivos.

El genio estaba ofendido y Alan se sintió culpable. Bien mirado, era espectacular lo que le ofrecía. Para un chico tan independiente y resuelto como él, la idea de lograr cosas por sí mismo era fantástica. Y si el aprendizaje era para toda la vida, ni hablar. El genio tenía razón.

—Perdoname, genio. No quise ofenderte. Lo que pasa es que me acordé del cuento y me emocioné con lo de las soluciones mágicas. Pero tenés razón, ahora que lo pienso, me parece que sos mucho más copado que el genio de Aladino. Así que empecemos de nuevo. ¡Hola! ¿Cómo te llamás?

El genio sonrió. Alan era simpático y ocurrente.

—Ok, ok. Hola, Alan, Pedro, Azu. Un placer —dijo el genio, que ya conocía el nombre de los chicos sin necesidad de que se presentaran. Extendió su mano gris y saludó a cada uno con un apretón—.Yo soy Silver.

—¡Qué lindo nombre! —dijo Azu—. Encantada de conocerte, Silver.

—¿Y qué tenemos que hacer? ¿Papel y lápiz? ¿Nos vas a dar una clase de finanzas? —preguntó Pedro. Después de la desilusión inicial, empezaba a entusiasmarse.

—Ja, ja. No. Hoy fue el día de las presentaciones. Ahora vayan a la playa a divertirse. Empezamos mañana a la mañana.

—Pero a la mañana nosotros vamos a surfear —protestó Alan.

—Surfear... En fin, si se le puede llamar así a eso que hacen...

Azu largó una carcajada. Alan y Pedro se miraron y enseguida empezaron a reírse como locos. Silver también se reía. ¡Por fin le tocaban "clientes" con sentido del humor!

—Mañana no van a poder "surfear". No va a haber viento, no va a haber olas y va a llover.

—¿Cómo sabés eso? ¿O vos lo vas a provocar? —preguntó Pedro emocionado.

—Ja, ja. Nada de eso. Escuché el pronóstico.

—Un genio informado —dijo Azu.

—Estar bien informado es el primer paso para tomar buenas decisiones. Bueno, chicos, fue un placer. Los veo mañana a la mañana.

—Chau, Silver. ¡Mañana sin falta! —dijo Alan.

Silver volvió a la lámpara y los chicos corrieron a la playa, hablando hasta por los codos de lo que habían vivido. Quizá porque tenían la mente ocupada en otra cosa, Alan y Pedro lograron surfear una ola completa y Azu los aplaudió como nunca. Cansados y felices, se quedaron un rato tirados en la arena, conversando. A los padres de Pedro y Azu les iba bien, la mamá era la médica del pueblo y el papá tenía una empresa de construcción, de manera que estuvieron de acuerdo en que Silver tenía que ocuparse principalmente de Alan. Ellos también aprovecharían los consejos porque nunca está de más aprender a administrar el dinero, pero la situación de su amigo era la más urgente. Alan estaba agradecido y contento. No hay tesoro más grande que la amistad.

Al día siguiente, bien temprano, una vez que Clara se fue al bar, los tres amigos se reunieron en lo de Alan. Muy serios, se instalaron en la cocina, alrededor de la mesa. Alan, en la cabecera, tenía la lámpara, le dio unos golpecitos y enseguida apareció Silver.

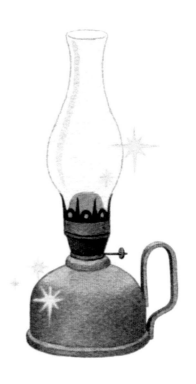

Después de saludarlo, le hablaron al genio de la situación económica de los dueños de casa y del acuerdo que habían hecho para que Silver se concentrara en Alan. El genio estaba feliz con esos chicos. Iba a hacer todo lo posible para ayudarlos.

—Alan, es hora de que en esta casa aprendan a hacer planes financieros, si no nunca van a poder "aflojar el cinturón".

—¿Pero cómo se hace un plan financiero? Si yo aparezco un día hablando como un economista mis padres se van a asustar.

—No, no, se trata de cosas muy simples, de organizarse y tener a mano toda la información posible. Cuánta plata entra, cuánta sale y cómo administrarse para vivir más tranquilos. Cuándo conviene gastar y en qué, cuándo conviene ahorrar, esas cosas.

—Ah, no suena tan difícil. O sea que lo que primero que tengo que hacer es recopilar información.

—Exacto. Ya sabemos que de marzo a diciembre el bar funciona solo los fines de semana y los feriados. En el invierno no recaudan mucho y el verano es la temporada fuerte.

—Sí, por eso, fuera de temporada, mis padres hacen trabajos de jardinería y mantenimiento en las casas de los que vienen solo en el verano, y trabajan los fines de semana en el bar.

—Perfecto. Entonces hay que hacer dos presupuestos: el de temporada y el de fuera de temporada. En esos dos presupuestos hay que establecer cuánto ganan y cuánto gastan. Una vez que tengas esa información, hay que estudiarla para ver qué gastos hay que ajustar y qué pueden hacer para ahorrar. Esto es fundamental. Si todos los meses separan una suma de dinero, aunque sea pequeña, como ahorro, van a haber dado un gran paso.

—Silver, no te ofendas, pero me parece que todavía no estás muy ubicado en tiempo y espacio. Estamos en la Argentina, hay inflación. Esa suma de dinero de la que hablás vale cada vez menos de un mes a otro —intervino Azu, que siempre estaba muy atenta a lo que pasaba a su alrededor.

—Ya lo sé, Azu. Cuando hablo de ahorrar no me refiero a guardar la plata debajo del colchón. Hay planes de inversión, plazos fijos, esas cosas.

—Hummm, suena como para otro tipo de gente, para ricos —dijo Alan con expresión triste.

—Ahí es donde te equivocás. Planificar el año financieramente es para todos, y en especial para los que tienen problemas de dinero. Confiá en mí.

—La cosa es cómo hago para hacer tantas preguntas y que mi mamá no crea que me volví loco o ando en algo raro.

—La verdad es siempre lo mejor.

—¡Pero, Silver, no le puedo decir que salió un genio de la lámpara del Turco!

—Tu mamá es una mujer encantadora y muy inteligente. Pero además es creativa, así que no va a tener problemas en aceptar circunstancias poco comunes. Cuando llegue del bar, te sentás con ella, traés la lámpara y hacés las presentaciones correspondientes. Es hora de que la conozca. De todos modos, para que no se asuste, antes de hacerme aparecer, adelantale un poco la situación.

—Sí, claro, porque es refácil... Voy a ver cómo hago.

—No te preocupes, amigo. Nosotros nos quedamos con vos y te ayudamos —dijo Pedro con valentía.

Silver volvió a la lámpara y los tres amigos permanecieron alrededor de la mesa, a veces hablando, otras en silencio, cada tanto riéndose, mientras esperaban la llegada de Clara.

—¡Chicos! ¿Qué hacen ahí sentados? ¿Se sienten bien? ¿Pasó algo? —dijo Clara, al entrar.

—Hola, ma. Estamos superbién, no te preocupes. Tenemos algo que contarte.

Lejos de tranquilizarse, Clara los miró inquieta.

—Espero que no sea nada grave.

—Para nada. Todo lo contrario —dijo Azu, después de darle un beso.

Sin que se le borrara la expresión preocupada, Clara se sentó frente a Alan. Le llamó la atención que la lámpara del Turco estuviera en la mesa.

—¿Pasó algo con la lámpara? ¿Trataste de encenderla? Te dije que no quiero que andes manipulando querosén.

—Pasa algo con la lámpara pero nada de lo que pensás. Y no trates de adivinar porque no vas a poder —Alan respiró hondo y siguió hablando—. Esta lámpara es increíble. ¿Te acordás de ese cuento, "Aladino y la lámpara maravillosa"? —y esperó para ver la reacción de Clara.

—Sí, Alan, me acuerdo, ¿pero qué tiene que ver?

—Todo que ver. Esta lámpara es muy parecida a la del cuento: tiene un genio adentro.

—No digas tonterías.

—Te lo voy a demostrar.

Alan dio unos golpecitos suaves en la lámpara y dijo:

—Silver, vení por favor. Mamá quiere conocerte.

Y entonces

¡Plop!

Fogonazo. Nube de humo y Silver hizo su entrada triunfal.

Clara gritó, se cayó de la silla y agarró una sartén para atacar al genio. Los chicos se doblaban de la risa y no podían hacer nada para calmar las cosas, así que el propio Silver tuvo que intervenir.

—No se asuste, Clara, soy un genio bueno y estoy aquí para ayudar.

Poco a poco, todos se fueron calmando, mientras Silver le explicaba a Clara en qué consistía su especialidad. Cada tanto, el genio les lanzaba miradas furiosas a los chicos, que seguían tentados por lo de la sartén, mientras hablaba de presupuestos, ahorros y gastos.

Clara estaba encantada. Pasado el susto inicial, sintió que por fin iban a ordenar las cuentas y planificar el futuro. ¡Cuánta falta les hacía cambiar algunos hábitos! El cansancio después de todo un día de trabajo en el bar se esfumó por completo y prestó atención a lo que decía Silver.

Los chicos escuchaban con mucha atención. Alan descubrió que el tema era interesante, muy interesante. Y le gustaba la idea de ayudar a sus padres. Como se hacía tarde, Pedro y Azu se despidieron y quedaron en verse al otro día. Silver también estaba listo para volver a la lámpara.

Esa noche Alan y Clara conversaron más que de costumbre durante la comida. Mientras lavaban los platos, hablaron de los dos presupuestos que tenían que hacer: el de enero a marzo y el de marzo a diciembre. Era una suerte que no tuvieran deudas, de lo contrario ahorrar iba a resultar más difícil. Y también estuvieron de acuerdo en contarle todo a Armando ni bien volviera de la cosecha. Pero para eso faltaba un mes.

Los días que siguieron a ese encuentro con Silver estuvieron llenos de actividad. El bar se convirtió en la oficina central: Azu, Pedro y Alan, además de Clara, por supuesto, se pusieron a trabajar y a pensar en cómo organizarse para ahorrar.

—¿Alguien tomó nota de lo que dijo Silver? —preguntó Pedro, preocupado. Mientras el genio les hablaba, creyó que recordaría todo, pero ahora que había llegado el momento de entrar en acción, se le mezclaban las ideas.

—Yo pasé todo en limpio anoche —contestó Azu.

Los chicos y Clara la miraron con admiración. Azu siempre estaba un paso adelante.

—Y armé un cuadro con las ideas principales.

Aplausos y ovaciones.

—Lo principal es entender qué es el ahorro. No significa guardar lo que sobre, sino separar una cantidad antes de hacer cualquier gasto. Por ejemplo, cuando Armando vuelva de la cosecha, sería genial que aparten una suma del dinero que ganó y la guarden.

—Y cuando el bar empiece a funcionar a lo loco en la temporada, habría que hacer lo mismo —agregó Alan.

—¿Pero qué pasa si hay un gasto extra? Yo no sé cuánto tiempo más va a aguantar la heladera y comprar una nueva sale mucha plata. La cosa es que sin heladera el bar no funciona —preguntó Clara con cierta angustia.

—Entonces hay que hacer lo que dijo Silver: una cantidad de dinero va para ahorro, y eso no se toca. La idea es ir juntando plata para el futuro, cuando no puedan trabajar tanto. Y hay que ir separando otro poco de plata para crear un fondo de emergencia. Si se rompe la heladera y hay que comprar otra, la plata sale de ese fondo —contestó Azu, consultando sus apuntes—. Los gastos imprevistos tienen que salir de ahí, no de los ahorros.

—Además podríamos ir pensando qué hacer para generar más ahorros y alimentar el fondo de emergencia —agregó Pedro, que se estaba entusiasmando—. Clara, ¿por qué no hacen funcionar el bar algunas noches, para ocasiones especiales?

—Mmmm, no sé, Pedro. Muchas veces lo pensamos, pero tendríamos que cambiar la instalación eléctrica para iluminar todo, con las luces que tenemos no da...

—¿Y qué tal hacer "Noches de Lámparas"? Conseguimos lámparas como la que me regaló el Turco, bueno, no exactamente iguales, ustedes me entienden, y ponemos una en cada mesa... —dijo Alan.

—¡Y velas! Y de paso es como un homenaje a Silver —aportó Azu.

—Además, no tenés que abrir todas la noches, una vez por semana, por ejemplo, para ver cuánto más recaudás. Y si funciona, van haciéndolo más seguido —intervino Pedro.

—¡Y todos ayudaríamos! ¡Qué copado! —exclamó Azu, con una alegría contagiosa.

A Clara le gustó la idea. Silver y los chicos la habían inspirado. Era hora de repensar el negocio. Si quería cambiar la situación económica de la familia, tenía que hacer algo diferente. "Noches de Lámparas"... casi le parecía ver las mesas suavemente iluminadas, el ruido del mar a la noche, haría comidas sencillas pero muy ricas, pesca del día, sin duda. ¡Cuántas cosas para conversar con Armando!

Y así fueron pasando los días, entre el surf y el bar, haciendo cuentas y planes. Alan le contó al Turco el proyecto de abrir el bar algunas noches. Iban a necesitar varias lámparas y solo él podía conseguirlas rápido. Al Turco le pareció una idea excelente y prometió hacerles un precio increíble.

Cuando llegó Armando, a principios de enero, después de muchos besos y abrazos, Alan y Clara le contaron todo. Por supuesto, tuvieron que presentarle a Silver; el papá de Alan no podía creer lo que veía cuando el genio salió de la lámpara. Se llevaron bien de inmediato. A Silver le gustaba la gente trabajadora y responsable como Armando y este respetaba la inteligencia y el conocimiento.

Esa noche Armando y Clara conversaron mucho. ¡Era tan estimulante tener nuevos proyectos! Y que Alan participara con ese entusiasmo contagioso era algo que emocionaba a su papá. Estaba orgulloso.

La temporada de verano arrancó de maravillas. El surf de los chicos mejoraba y el bar de Clara y Armando estaba siempre lleno. Las "Noches de Lámparas" eran un éxito, tanto que tuvieron que hacerlas dos veces por semana. Azu, Pedro y Alan iban y venían atendiendo mesas, lavando platos y conversando con los clientes. Clara y Armando estaban contentos; los fondos para ahorro y emergencias crecían y por primera vez en mucho tiempo notaban que su situación cambiaba para mejor.

Silver la pasaba bien. Sin mucho que hacer, descansaba en la lámpara y cada tanto conversaba con Alan sobre cómo iban las cosas. También pensaba en el futuro. Su misión ya estaba cumplida y no podía quedarse allí para siempre. Pero se había encariñado mucho con Alan y sus amigos; le costaba pensar en la despedida.

Hacia fines de febrero el grupo empezó a pensar en una fiesta de cierre de temporada. La última Noche de Lámparas tenía que ser distinta, inolvidable. Un final a toda orquesta. Después de ese día el bar abriría solo los fines de semana y nada más que al mediodía, así que era una noche muy importante.

Pedro, que dibujaba muy bien, hizo folletos ilustrados: el bar, las lámparas, todo lo que se le ocurrió. Y también escribió el texto:

Última Noche de Lámparas
Fiesta en el bar de la playa
¡No te la pierdas!
Te esperamos el 28

Los tres amigos recorrieron el pueblo en bici, para colocar los folletos en vidrieras y mostradores de cada comercio de Dos Médanos.

Y el 28 de febrero, el gran día, trabajaron como locos en la decoración del bar, que se llenó de flores, ramas y piñas. Silver, cómodamente instalado en una de las mesas, aprobaba o desaprobaba el resultado.

A las nueve ya no quedaban mesas libres y mucha gente esperaba alrededor del bar, iluminándose con lámparas o velas y tomando algo.

Estaba algo fresco; la brisa suave que se levantaba del mar se estaba transformando en un viento intenso. Y soplaba cada vez más fuerte.

Y más fuerte...

Las flores de la decoración empezaron a desprenderse; las servilletas de papel volaban por los aires. Algunos vasos se caían. ¡Y las velas! Azu, que atendía la mesa de sus padres, creyó ver a Silver en la galería, pero Pedro la sacó de su error.

—¡Humo! ¡Fuego! —gritó con todas su fuerzas.

Se armó un lío descomunal.

Todos se levantaron. Algunas personas corrían, otras querían ayudar y tropezaban. El fuego que había empezado en una parte de la galería se extendía hacia el techo. De pronto, una viga cayó sobre una de las mesas.

—¡El Turco está atrapado! —gritó Clara, desesperada.

Un pedazo de techo se había desprendido y, en la caída, se desplomó sobre la mesa del Turco. El comerciante quedó debajo de la mesa, con un pie trabado en uno de los tablones de madera del piso. El humo y el fuego le tapaban la vista y no sabía qué hacer para librarse de la situación.

Alan salió disparado como un rayo. Agarró la tabla de surf y un martillo. Con una mirada, llamó a Pedro y a Azu. Los tres se deslizaron debajo del bar, como cuando jugaban a los mineros. Pedro le hizo pie a Alan y este, con el martillo, desprendió varios tablones del piso para que el Turco pudiera salir. El comerciante se había doblado el pie y estaba dolorido, así que los chicos lo hicieron acostar sobre la tabla y pidieron ayuda para izarlo.

Mientras tanto, Armando, Clara y los clientes trataban de apagar el incendio. Además de usar los matafuegos del local, los vecinos trajeron los suyos y el bar se llenó de espuma blanca. Los bomberos llegaron rapidísimo, pero ya estaba casi todo solucionado, así que aseguraron la zona para que nadie se lastimara, verificaron que el fuego estuviera apagado y controlaron las vigas por si había peligro de que siguieran cayendo.

El daño no había sido tan grave. Había que arreglar el techo y el piso. Por suerte tenían seguro contra incendios, y si había gastos extra, saldrían del fondo de emergencia. ¡Qué bueno que Silver había aparecido en sus vidas! Estaba todo bajo control.

Antes de irse a dormir, Alan llamó a Silver para desearle las buenas noches y comentar lo que habían vivido. El genio, que todavía estaba conmovido por la valentía de su pequeño amigo, no pudo reprimir una broma:

—¡Por fin la tabla de surf sirve para algo! ¿Por qué no se dedican a ser rescatistas?

Alan se rio con ganas.

—Je, je, qué buen chiste. Que descanses, Silver.

—Hasta mañana, querido amigo.

Unos días después, el Turco invitó a Alan a comer a su casa para darle las gracias. Este decidió llevar la lámpara. No tenía una corvina para regalarle, y además era mediodía, pero le pareció que al Turco le iba a gustar el gesto. Y además, una idea había empezado a rondarlo desde había varios días y necesitaba hablar con su "jefe".

Comieron en el jardín, hablaron de bueyes per-
didos, del negocio del Turco, del bar, del colegio. Y
de pronto el Turco miró la lámpara.

—Veo que te gustó mi regalo, no te separás de él
—dijo con una sonrisa

—Es el mejor regalo que recibí en mi vida, pero justamente lo que tengo que hacer ahora es separarme de él —Alan miró al Turco con sus ojos negros algo empañados por las lágrimas—. Es un regalo tan bueno que no puedo quedármelo para siempre. Tengo que encontrar a alguien a quien le haga falta. Y creo que vos me podés ayudar. Porque vos sabés muy bien que esta lámpara es especial, ¿no, Turco?

Don Alí retorció su gran bigote; estaba complacido y orgulloso de su pequeño amigo. Definitivamente, Alan era un chico muy inteligente y lo mejor de todo era que tenía un corazón muy grande.

—Sí, querido, yo sé que la lámpara es especial, por eso quería que la tuvieras. Me parecía que gente tan buena y trabajadora como tus padres y como vos merecían una pequeña ayudita para arrancar.

—¡Y no sabés lo bien que nos vino! Ahora quiero que me ayudes a encontrar a alguien a quien pueda darle la lámpara. ¿Qué te parece Santiago, el albañil? Se está por casar, se va a vivir al pueblo de la novia y va a gastar mucha plata. Creo que le convendría recibir algunos consejos.

—Me parece perfecto.

—Genial. Pero yo no puedo regalarle la lámpara, no va a entender nada. Lo mejor es que se la des vos. Pedile que haga algún arreglo en el negocio, no sé. Y después le decís que estás tan contento con su trabajo que le vas a regalar la lámpara. Como hiciste conmigo. Seguro que se te ocurre algo.

—Por supuesto —el comerciante sonreía.

—Entonces voy a dejar la lámpara acá, pero antes me gustaría despedirme.

—Me parece muy bien. Yo voy a la cocina a lavar los platos, así tenés privacidad. Nos vemos, pichón. La semana que viene voy hacer un asado para vos, tus padres y los mellizos.

Cuando el Turco entró a la casa, Alan llamó a Silver. El genio estaba algo apesadumbrado porque se había encariñado mucho con el chico, pero entendía perfectamente la situación.

Alan le dijo simplemente "gracias, Silver" y trató de abrazar esa figura grande y regordeta, pero escurridiza. Silver posó su mano gris sobre el pelo alborotado de Alan y le dijo:

—¿Sabés, Alan? Esto nunca me pasó. Nunca conocí a nadie tan inteligente y generoso como vos. Que pienses en ayudar a otros es maravilloso. Me hace feliz haberte conocido. Y creo que no necesitás que ningún genio te asesore. El genio sos vos.

Alan lo miró sonriendo. No podía hablar. Estaba muy emocionado. Cuando se recompuso un poco, dijo:

—Silver, sos un genio copado, supercopado, ultracopado y espero que puedas ayudar a Santiago como nos ayudaste a nosotros.

—Voy a hacer todo lo que esté a mi alcance.

—¡Y a ver si hacés un curso de "soluciones mágicas" algún día y me ayudás a viajar por el mundo en una alfombra voladora, ganar un torneo de surf y salir campeones en el mundial de fútbol! —dijo Alan con picardía.

—Ja, ja. ¡Qué buen chiste!

Se abrazaron de nuevo, como pudieron. Se desearon buena suerte y buenas decisiones, y confiaron en que algún día volverían a verse.

Silver volvió a la lámpara.

Alan se subió a la bici y pedaleó sin mirar atrás.

Era un gran día. Mucho sol, el mar espectacular, las vacaciones todavía no se terminaban y había vivido el verano más interesante de su vida. ¿Qué más podía pedir? ¿Soluciones mágicas? ¡No! Había descubierto la satisfacción de lograr cosas por sí mismo. Ese era un gran tesoro. Tenía el amor de sus padres y tenía a sus amigos. Era un afortunado.

Bajó a la playa. Azu y Pedro ya estaban en el bar, con la tabla lista. Alan se reunió con ellos y los tres caminaron hacia el mar, charlando, riendo, felices.

Tarea para el Hogar

El cuento llegó a su fin, pero no al clásico "colorín, colorado", porque todavía hay mucho por hacer. Ahora el protagonista sos vos. ¿Te animás a vivir una aventura financiera como la que atravesaron Alan, Azu y Pedro? Seguro que sí, y para eso hay que repasar algunos conceptos.

1. Empecemos por el AHORRO. Entender lo que implica, en toda su dimensión, te va a ayudar a lo largo de tu vida.

¿Recordás qué significa el ahorro?

Marcá la respuesta correcta:

a) Ahorrar es guardar la plata que sobra cuando llega fin de mes.

b) Ahorrar es separar una suma del dinero que entra en la casa por mes, antes de hacer cualquier gasto.

c) Ahorrar es un lujo que solo pueden permitirse las personas que ganan mucho.

2. ¿Es lo mismo el fondo para AHORROS que el fondo de EMERGENCIA? ¿Cuál es la diferencia?

3. ¿Cómo se arma un presupuesto de la economía familiar.?

4. ¿Por qué es importante tener un PRESU-PUESTO?

5. A partir de la lectura del cuento, ¿qué te parece si hacés algo parecido a lo que pensaron Alan y sus amigos?

• Armá una reunión con tu mamá, tu papá, tus abuelos, tus hermanos y con quien quieras de tu familia.

• Usá un grabador —puede ser la aplicación de un celular— y jugá a ser periodista. Te sugiero algunas preguntas:

   – ¿Quién administra el dinero en casa?

   – ¿Tenemos un presupuesto de lo que entra y lo que sale por mes y por año?

   – ¿Cuánta plata entra por mes y cuánta sale?

   – ¿Hay algún plan para ahorrar?

   – ¿Tenemos un fondo de emergencia?

   – ¿Cómo ahorramos?

¡Preguntá todo lo que se te ocurra e invitá a los participantes de la reunión a que hagan aportes!

• Con todos esos datos, elaborá un informe.

• Si no hay un presupuesto, proponeles armar uno entre todos.

6. Pensá en algo que te gustaría lograr (una fiesta de cumpleaños, una salida, ropa nueva, ¡lo que quieras). ¿Qué creés que podés hacer para conseguir esas cosas sin que se altere la economía familiar?

Van algunas ideas:

• Proponele a algún comerciante amigo que te contrate por unos días para ordenar la mercadería (como hizo Alan).

• Si te dan dinero por mes o por semana, separá una parte ni bien lo recibas y guardá esa plata (¡ese va a ser tu primer fondo para ahorro!).

• Hablá con tus papás de tus planes y tratá de pensar con ellos estrategias para generar un aumento, aunque sea pequeño, de la plata que entra en la casa.

• Y también pensá en qué gastos pueden recortar.

7. Y por último, ¿recordás el final del cuento? ¿Qué decisión tomó Alan con respecto a la lámpara? Pensá en algún amigo tuyo que necesite consejos financieros y recomendale este cuento. Siempre te lo va a agradecer.

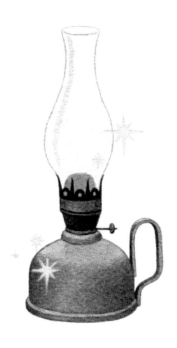

Made in the USA
Monee, IL
30 October 2024